U0077012

繪本造型&古典音樂

作　　　者：蕭雅文
繪　　　者：施幃譯、莊詩英、陳若珊
CD 編曲者：鍾季霈

作者簡介

蕭雅文

學歷：美國奧勒岡州州立大學　音樂教育學士

美國奧克拉荷馬州州立大學　音樂教育碩士

現任：東海大學音樂系講師

曾任：美國 St. John Lutheran Church Private School 音樂老師

台北凱薩琳幼兒美語學校音樂老師

台中市私立歐森幼稚園音樂老師

台南女子科技大學音樂系講師

國立台南藝術大學師資培育中心及國樂系講師

稻江科技暨管理學院幼兒教育學系講師

明新科技大學幼保系講師

私立葳格雙語中小學～小學部直笛指導與一般音樂課程

教師

聯絡方式： mandyh888@hotmail.com

FB 帳 號： Mandy Hsiao

繪者及 CD 編曲者簡介

施幀譯

學歷： 國立台北藝術大學　音樂碩士
　　　　美國底特律大學　企管碩士
　　　　東海大學美術系　學士

經歷： 肯尼工作室　負責人
　　　　開拓設計　前端工程師
　　　　威強電工業電腦　前端工程師

擅長： 網站製作、音樂教學、課程研發、經營管理

聯絡方式： shihkenny2017@gmail.com

活到老，學到老！

莊詩英

學歷： 法國巴黎音樂院研習
　　　　台南藝術大學音樂系

經歷： 台中多間幼稚園音樂教室音樂老師

聯絡方式： sweetniki1000@yahoo.com.tw

喜歡畫畫，希望可以把音樂跟畫畫作一個結合，讓孩子能夠更加喜歡藝術！

陳若珊

學歷：東海大學美術系
　　　副修工業設計系
經歷：東海 43 號「醋味，年輕人」三人展
　　　台中市立文化中心 23 屆畢業聯合展
　　　台中梧棲國小附幼　兼任美術教師
擅長：插畫、電腦繪圖、海報設計、 3D 建模和模型製作
聯絡方式： norma32025@yahoo.com.tw

做自己，及時行樂！

鍾季霈

於 2009 年正式進入電視、電影、動畫、影像之配樂工作。
代表作品：
2010 年　和英文化出版《米米系列》13 本以及其他系列如
　　　　　《綠笛》、《星月》、《音樂劇》有聲故事書之配
　　　　　樂。目前已銷法國、西班牙、日本、美國、韓國、
　　　　　以色列、泰國、 土耳其、丹麥、芬蘭、荷蘭等。
2012 年　台語文學《趴荒 e 故事》系列有聲書之配樂。
　　　　　林沉默台語新詩《夭壽靜 e 春天》有聲書之配樂。
2013 年　Unilever 動畫公司【Magilika Episode】系列之動
　　　　　畫配樂。
　　　　　基隆海洋科技博物館「深海影像廳」動畫之配樂。
2014 年　九族文化村 3D 震撼劇場動畫之配樂。
2015 年　電影【缺角一族】之配樂。
　　　　　雪霸國家公園【聖稜線】記錄片之配樂。
　　　　　【Crate and Barrel 美國傢俱品牌】之配樂。
2016 年　【G20 杭州高峰會】宣傳、開幕宣傳影像之配樂。
　　　　　為【Pepper】機器人歌唱代言，並量身訂做一系列
　　　　　中文歌曲。
聯絡方式： hopemusic111@gmail.com

每一個時刻都要活得精彩！

陳序

　　音樂是每個人一生中不可或缺的夥伴。柏拉圖相信音樂可以涵養氣質，亞里斯多德認為音樂可以塑造人格，Don Campbell 主張音樂可以讓孩子變聰明，南丁格爾強調音樂是最真誠的陪伴，還有更多的名人與學說都指出學習音樂的好處。然而，脫去華麗的外表裝飾，音樂最樸實的功能，只是為孩子開一扇通往美麗境界的窗。有了音樂的陪伴，這一生中最開心的日子、最難過的時刻、或是平凡的每一天，我們都不會孤獨。

　　音樂教育學家柯大宜（Zoltan Kodály）說，兒童學習音樂愈早開始愈好。幼兒時期實為吸收能力最強的階段，孩子在這個時候接觸音樂，不但能怡情養性，更能啟發多感官知能，開通幼兒多元學習的觸角。雅文老師的這本書以音樂為觸媒，以聆聽、觀賞、創作，為幼兒敲開了藝術的大門。童年的美感經驗與家長的陪伴，將是孩子一生最美的回憶。讓我們一起翻開書，為孩子留下色彩繽紛且悅耳動聽的樂章吧！

國立臺中教育大學音樂學系　副教授
台灣柯大宜音樂教育學會　理事長
陳曉嫻

廖序

　　豐富的藝術活動可以培養想像力、創造力及問題解決技巧。有許多的音樂教育學者都認為音樂應該與其他的多元藝術結合，以生動活潑的方法導入音樂欣賞，其內容必須結合音樂、舞蹈、視覺藝術、文學與戲劇。如此幼兒能在豐富的教學方法及資源中，快樂學習音樂，也能激發各種潛能。

　　兩年前雅文到我辦公室，聊起她寫書的構想，我記得我們一起聊「獅子王」。當時就覺得雅文老師真的好有創意，對於書中的每個環節都考慮的相當周全。兩年後，她邀請我寫序，寄給我草稿書及 CD。很仔細的閱讀這些章節及聆聽音樂後，更加佩服雅文了，因為這本書成功捕捉了幼兒最感興趣的主題，也運用音樂欣賞的最佳策略：主題化、動作化、圖形化，及戲劇化。

　　書本中每個章節結構相當清楚，從**故事**開始，利用簡單的素材及樂器做動機引導。除了音樂之外，透過**繪本**，將音樂、視覺藝術，以及文學結合。繪本與**音樂欣賞**的連結，讓孩子們透過戲劇更加熟悉音樂，也使幼兒對於音樂有更多的想像空間。透過**音樂與律動**活動，提供孩子利用自己的身體來表達音樂元素。最後的**創作**時間，孩子可以想像另一個故事，或創作另外一個劇本。在**動動腦**中，提供機會讓孩子動腦，提升學習興趣及成就感。除了整個主題架構之外，每個章節後面把相關藝術家的生平及作品風格也做了簡潔的整理，這可以提供父母或老師一些訊息，讓幼兒不只是享受美，在知識上也得以成長，可謂是兼具感性與知性。

　　仔細閱讀章節及聆聽 CD 後，發現這本書有以下特色：

1. 五個章節中大部分以動物為主題，包含天上飛的（鳥、蝴蝶）、地上動物（獅子），及水中游的（黃魚），幼兒可以經歷不同動物角色及其音樂特色。

2. 繪本顏色豐富，構圖簡單但卻能抓住音樂表達的重點，幫助幼兒將影像與音樂連結，提升幼兒的學習興趣。

3. 音樂的編曲，配合繪本及劇情作音色的調配，無論是力度、速度的掌握都配合著各種主題及角色。不管是在故事時間或律動，皆有極佳的效果。

4. 每首曲子從幾秒到幾秒是什麼段落（A 或 B）都在書中註明，因此對於音樂的門外漢也能參考秒數來帶領音樂活動。

5. 音樂活動設計相當豐富，包含繪本故事、肢體律動、節奏／說白、歌唱、樂器、戲劇、音樂欣賞、即興與藝術創作，以及音樂遊戲，融合了各音樂教育教學法（Dalcroze、Kodály、Orff），也擷取各種教學法的精髓。

6. 音樂的選曲多元，包含各種風格，也包含偉大音樂家各種時代的作品的工具。

Copland（1939）將音樂聆聽分為三個層面：（1）感覺面：聽到音樂而產生愉悅感。（2）情感面：感受到作曲家所傳達的內涵，並產生聯想。（3）理論面：欣賞音樂中的要素概念。我想這本書包含了這三個層面，因此，這是一本對於家庭音樂教育，或從事音樂及幼兒教育極具參考價值的書籍。此書透過深入淺出的方式來編撰，即使對於音樂相當陌生的讀者亦容易閱讀，因此相當適合一般家庭作音樂親子互動，親子可以透過各種單元作各種角色扮演，以及玩音樂遊戲。對於從事音樂教學者，也是一個絕佳的參考資料，書中的活動設計也提供音樂老師們豐富的指引，音樂教學不只是教音樂，還可以結合其他的藝術。書中循序漸進的方式，更是提供幼教老師一個明確的教學指引，除了做音樂欣賞教材外，幼教師從事主題教學時，也可模仿此種方式來進行音樂引導。

　　雅文在音樂教育耕耘多年，培育出很多優秀的音樂老師及小豆苗，她願意奉獻時間將心得與大家分享，繼續推動音樂教育，很令人佩服。希望無論家長、音樂老師或幼教師們都能繼續為孩子們努力，讓音樂生活化，讓音樂成為孩子生活中的一環。期待透過這本書，能讓更多家庭及學校有更多音樂及歡笑聲。

明新科技大學幼兒保育系　副教授

廖美瑩

李序

　　五年前我從美國回台，旋即任教於親民技術學院幼保系，當時除了教授音樂賞析、鍵盤樂等音樂課程外，由於對象是幼保系學生，系上另有安排幼兒音樂與律動、幼兒音樂教育等音樂課程，這對當時的我甚是惶恐。原因是雖然大學就讀於師範學院音樂教育學系，對於奧福教學法、高大宜教學法等音樂教育內容略知一二，但從未深入鑽研，加上畢業後的音樂教學對象是國小學童，在美國專攻的又是鋼琴教學，自然對幼兒音樂教學較為生疏，且心生恐懼。於是，我到了各大音樂書店將大多數有關幼兒音樂教育的書籍買回家，準備好好地研讀一番，並選擇一本來當作學生的參考書。結果發現一部分的書籍僅偏向學理的敘述，對於音樂經驗不甚豐富的幼保系學生們而言，著實困難了些。另一類的書籍則是偏向實務操作，教學指引明確，對於幼保系學生們易學易懂，但缺點就是教學指引上的音樂曲目並不十分容易找尋，或是價格十分昂貴，要求學生購買並不可行。

　　最近得知好友雅文老師即將出版此書，並請我作序。長久以來，雅文一直是我的軍師，許多有關幼兒音樂的教學法，我常常請教她。這幾天看了雅文老師寄給我的文稿，心中著實歡喜。此書不但教學內容豐富，教學步驟明確，插畫精美，更令人欣喜的是此書附有樂曲 CD，方便老師、學生們使用。此書的出版對於幼保系學生想要初探幼兒音樂教學內容，亦或是音樂系學生想著墨於幼童音樂律動的教學，均是一大福音。

美國 University of Oklahoma 音樂教育／鋼琴教學法博士
親民技術學院幼兒保育系　助理教授
李國亮

作者序

這是一本由夢想與使命感所驅動而成的一本書，它，費時將近三年才製作成形，集合眾人的心血結晶，真的是歷經千辛萬苦，終於看到作品成果，真的感到欣喜安慰。

為何這本書會費時這麼久？實在是因為它不只是一本文字引導的工具書，還細心的商請美術系的繪者將抽象的音樂，以圖形的方式具體化，盡可能的讓孩子經由圖畫的帶領，進入音樂的國度裡，欣賞每一位音樂家在作品中所要表達的音樂情緒與線條記號，讓古典音樂也變得可以輕鬆聆聽與玩樂。

記得在念研究所即將畢業的辯論考試中，我都能輕鬆應付每一位主考教授的問題，然而，指導教授問我的最後一個問題是：「今後該如何在音樂教育這條路上再擴展妳的思維與力度？」當時的反應是：呆住了！教學，不就是把我所學的教出去嗎？但是，她隨即給了我建議：應該再鑽研其他樂派的音樂，體驗各種不同的風格與音樂家的獨特性，找到其特色，再將這個獨特性介紹給學生，才是一個靈活與具有深度的音樂教育工作者。這一席話是驅使我想做這本書的原動力，隨著教學經驗的累積，想做這本書的使命感愈是強烈。終於，在一個偶然機會裡，認識了主修美術又副修音樂的繪者，與經驗豐富的音樂製作者，還有一位教學經驗豐富的音教工作者，就多方面的分工合作，努力的將這本書集結成形。其間，繪者當兵，而我自身的工作量也增加，一度使這本書的進度嚴重落後，一直以為，它無法完成了，然而，出版社的繼續邀稿，使我們再次動工，合力把它完成，終於，可以看到它完整的呈現在大家面前，真的很感謝出版社努力不懈的看待這一件作品，讓大家有幸能看到它的誕生！

在琳瑯滿目的音樂教育書中，不乏看到教育工作者的用心與成長，大家都有一個共同的目標，就是要讓孩子快樂玩音樂，而這樣的信念，就必須由操作者來細心帶領，才能讓學習者領會到玩音樂的樂趣。此書的誕生，希望帶給音樂教育工作者另一種不同角度的操作與引導音樂的方向，讓艱澀奧妙的古典音樂，也可以淺顯易懂的帶領幼小孩子一起聽音樂、懂音樂、玩音樂！讓古典音樂不再是令人打瞌睡的音樂！！

蕭雅文

前言

　　此書的操作方式，最大的特色在於以幼童較少、甚至沒聆聽過的古典音樂做重點，來設計許多不同的肢體與藝術類的遊戲與創作，尤其音樂部分蒐集了歷代音樂家的作品，包含了早期浪漫派的佛瑞，到近代國民樂派的巴爾托克等，每個單元的作曲家風格迥異，皆有其獨特及強烈的個人色彩。為使本書的操作者能先認識曲子風格，故將各單元音樂家的生平與曲子特色作一番介紹，使操作者能先了解其中特性，在操作指導時更能駕輕就熟。

　　而每一單元的繪圖風格，亦有其特色背景，這些繪畫風格皆依照繪者的專業知識，及其對於作者所想像之音樂故事，再加入繪者自己的感受，進而選擇畫圖風格而完成作品，故其繪畫參考之風格大師，亦有簡單之生平介紹，提供操作者參考。

　　至於音樂本身，並非完全依照書中所敘述之故事而作成之音樂作品。本書的繪本故事，皆由作者對於整首音樂之感受及想像，逐步發展出來的一個一個故事景象，把抽象的音樂轉換成貼近幼童心靈的故事，講述給孩子聽，在操作者的說故事引導過程，使幼童聽到故事隨著音樂的高低起伏，與節奏快慢強弱等發展，無形中聽懂了拍子、節奏、旋律、樂句、曲式等音樂元素。

　　在每一個單元中，皆有幾種玩音樂的方式，有律動、手指謠及美勞創作等，各個活動皆經過作者實際教學時，在跟幼童的互動中，觀察到孩子在各個年紀的操作難易程度上有別，進而在書中建議各項活動進行時的年齡限制，故在操作此書的各種音樂活動時，可先觀察孩子在身心及肌肉發展的成熟度，適切的調整其可進行的音樂活動。

　　書中並附有音樂光碟，每一單元編製兩首音樂，第一首是純音樂，方便本書之操作者一邊播放音樂，一邊翻閱繪本，使學習者能透過視覺與聽覺結合，感受音樂的流程與變化；第二首則在音樂中加入故事旁白，使學習者能再次聆聽故事與音樂的融合，加深其對整體音樂的印象。此時，學習者可以一邊聆聽音樂，一邊自行操作翻閱繪本，試著獨立感受樂段的行進與故事的發展，達到完全融會貫通之效果。

目錄

課程內容與音樂活動及創作一覽表

課程單元 ＼ 音樂活動	繪本故事	肢體律動	節奏／說白	歌唱	樂器	戲劇	音樂欣賞	即興與藝術創作	音樂遊戲
一、獅子王	★	★	★		★	★	★	★	
二、咕咕鳥木偶狂想曲	★	★	★	★	★		★	★	★
三、海底世界	★	★			★		★	★	★
四、神祕的國度	★	★					★	★	★
五、蝴蝶	★	★			★	★	★	★	

獅子王

● 作　　　者：蕭雅文
● 繪　　　者：施幃譯
● CD 編曲者：鍾季霑

樂器：弦樂組合

曲段：前奏

樂器：鋼琴

5

10

樂器：鋼琴、弦樂組合　曲段：A

1' 15"～1' 32"

樂器：鋼琴、弦樂組合

曲段：B

14

1'33"～1'49"

樂器：鋼琴、弦樂組合　　曲段：A'

17

1'50"～2'03"

樂器：鋼琴、弦樂組合

樂器：鋼琴、弦樂組合
曲段：尾奏

20

單元課程一

獅子王

作　　者：蕭雅文
繪　　者：施幃譯
CD 編曲者：鍾季霈

活動一　說故事時間

獅子與小鳥

年齡：3-8歲　人數：2人以上　教具：直笛或木琴或音磚、獅子與小鳥手偶

1 **獅子與小鳥的故事：** 在一個大森林中，有一隻快樂的小鳥正在吃著地上的小蟲，牠完全沒注意到，在牠背後有一隻肚子正餓得咕嚕咕嚕叫的大獅子，準備把牠當午餐吃掉。吼！獅子跳出來將小鳥壓在地上，正要張開大嘴把小鳥吃掉時，小鳥哀求獅子別把牠吃掉，小鳥說：「我太瘦了，你一定會吃不飽，你放了我，將來我一定會報答你的。」獅子想了一想，也覺得吃小鳥一定吃不飽，於是就放了牠。有一天，獅子在樹下睡午覺，可是牠卻睡不著，因為牠都不洗澡，身上有好幾百隻跳蚤在咬牠，牠用牠的利爪抓跳蚤，卻怎麼也抓不完。這時，小鳥在天空看到獅子在地上滾來滾去，便飛下來看個究竟，牠問：「獅子大王，你怎麼了？」獅子難過地說：「我身上有好多蟲子在咬我，好難受啊！」小鳥說：「獅子大王，別擔心，我來幫你抓蟲子。」於是，小鳥便飛到獅子大王的身上，把所有跳蚤都吃掉了，從此以後，獅子與小鳥就變成好朋友了。

2 指導者使用獅子與小鳥手偶，引導小朋友認識獅子是在地上行走的動物，而小鳥是在天上飛的動物。請小朋友分別模仿這兩種動物的叫聲，獅子屬於低音；反之，小鳥屬於高音。

3 指導者用直笛或木琴或音磚奏出高與低對比的聲音，讓小朋友來猜是高音或低音，並模仿其所代表動物之動作：低音＝獅子，高音＝小鳥。

 活動二 繪本時間

獅子王

年齡：4-10 歲　人數：2 人以上　教具：獅子王繪本

 在一個森林裡，住著好多好多的大動物和小動物，有白天出現的動物，也有晚上才出來活動的動物。（老師可邀學生舉一些動物例子）

圖例 1

 在這些動物之中，有一個偉大的獅子王，牠統領著這個森林的所有動物，住在這裡的動物們對獅子王是又尊敬又害怕。今天，獅子王不知為了何事，命令牠的猴子軍樂隊吹起號角，召集所有的動物們到廣場集合。只見地上的大型動物，如大象與馬，一同趕往廣場；獅子王只要一聲大吼，所有小猴子便對牠彎腰敬拜；就連天上飛的大鳥與小鳥，也趕忙飛來集合。（見圖例 1）

 大家邊趕路邊討論，到底是什麼事情啊？大王把我們集合起來要做什麼呢？大家都很好奇。到了廣場，只見獅子大王很威武地大吼一聲，原來牠要向大家宣布一件事：「我要向大家介紹，我獅子大王生了一隻小獅子，大家以後看到牠，就像看到我一樣，要對牠尊敬啊！」動物們聽了，都替獅子大王感到開心，大家一起為獅子王一家人歡呼慶賀。

 繪本與音樂欣賞

獅子進行曲

年齡：3-10 歲　人數：2 人以上　教具：獅子王繪本、獅子進行曲音樂 CD，節錄於動物狂歡節，作者：聖桑（法國人，1835～1921）

 指導者一邊播放音樂，一邊翻繪本書給小朋友看，使小朋友藉由音樂進入獅子進行曲故事的情境中。

 藉由設計過的音樂繪本，小朋友可以清楚地感受音樂的曲段流程：前奏（Introduction）-A-B-A'-尾奏（Coda）。

時間	0'00"～0'47"	0'48"～1'14"	1'15"～1'32"	1'33"～2'03"	2'04"～2'09"
曲段	前奏	A	B	A'	尾奏

繪本圖片則是由五大段落所組成。

 音樂與律動

獅子的怒吼

年齡：4-10 歲　人數：2 人以上　教具：獅子進行曲音樂 CD、大鼓或手鼓

 指導者播放音樂，請小朋友在曲段 A 時，自由地在室內爬行，學大型動物走路笨重的樣子，模仿低音的效果。

2 指導者再播放音樂，請小朋友一人一手拿一個大鼓或手鼓，在曲段 B 的音樂的上行與下行連續滾奏中，敲打鼓面來達到模仿獅子吼叫的效果。

小朋友在曲段 A'時，自由地在室內做出小鳥飛行拍動翅膀的模樣，模仿高音的效果。

 小朋友在尾奏時，隨著音樂的尾聲，再用打鼓做出獅子最後一聲吼叫的效果。

活動五 創作時間

獅子王面具製作

年齡：4-10 歲　人數：2 人以上　教具：面具或蛋糕紙盤、多種顏色之色彩帶、雙面膠、蠟筆

 指導者將面具或紙盤先做成獅子王臉形半成品，再讓小朋友以色彩帶及雙面膠貼上獅子的鬃鬚。（見圖例 2）

 小朋友可以用蠟筆畫出獅子王臉譜。（見圖例 3）

圖例 2

圖例 3

 **音樂與藝術表演**

音樂與戲劇活動

年齡：3-8　人數：1人以上　教具：獅子進行曲音樂 CD、獅子王面具、大鼓或手鼓

 指導者再播放音樂，小朋友將做好之獅子王面具拿在面前，隨著音樂的進行，模仿獅子王之吼叫，每一位小朋友都融入繪本之角色，做完整之角色扮演與戲劇欣賞。（見圖例 4）

圖例 4

 小朋友在角色扮演與音樂播放過程中，學習到樂段之變化，與滾奏及不同音高之轉換，使小朋友在這首古典音樂中，能真正用耳朵聆聽美妙的旋律，再運用肢體動作，來反應此首音樂所呈現之戲劇效果。

 **畫家與音樂家介紹**

 雷諾瓦（Pierre-Auguste Renoir, 1841-1919）

生平

雷諾瓦生於法國。十三歲時因父親的安排，進入瓷器工廠工作，學習在瓷器上畫花，因此展開他的藝術創作生涯。之後進入巴黎美術學院與參加葛列爾畫室，結識了莫內、巴吉爾……等畫家。1874 年，雷諾瓦與莫內、塞尚、畢沙羅、竇加……等畫家於巴黎舉辦落選沙龍展，被稱為「印象派」畫展。晚年的雷諾瓦飽受風濕、關節炎所苦，卻對藝術創作永不放棄。

風格

雷諾瓦是屬於印象派的畫家，捕捉光與色之間的微妙變化是印象派的一大特色。此外，他對於人物造型的表現方式，不是使用清楚的輪廓線來勾勒型體，取而代之的是，以自然的筆觸，襯托出人物與空間的關係。「煎餅磨坊的舞會」是雷諾瓦中期的作品，畫面似夢似幻的光影晃動情景，結合富有溫柔詩意的筆觸，構成動人心弦的畫面。

 聖桑（Charles Camille Saint-Saëns, 1835-1921）

生平

聖桑是法國作曲家和管風琴家，他的音樂才能很早就已顯露：自幼開始學鋼琴、樂理；四歲半便參加演奏貝多芬的小提琴與鋼琴奏鳴曲；五歲時第一次寫歌曲和鋼琴曲；六歲時讀莫札特的歌劇「唐喬望尼」管弦樂總譜，十歲時他舉行第一次鋼琴演奏會。

1848 年，十三歲的聖桑進入巴黎音樂學院學習管風琴和作曲並得獎；1853 年，聖桑於音樂學院習成後，已躋身於專業音樂家行列。在這一年，他的第一交響曲上演成功，同年，他得到教堂管風琴師職位，並在此工作了二十四年，成為當時著名的管風琴手之一。到過巴黎的著名音樂家，例如舒曼、克拉拉、薩拉撒特及安東・魯賓斯坦等，都曾聆聽他的演奏。

聖桑一輩子都受到結核病折磨，但他還是活到了八十六歲！他是在溫熱的阿爾及利亞過世的。

他多才多藝、熱愛旅行，1886 年他從布拉格到維也納做一趟音樂之旅，在奧地利一個小鎮克爾蒂姆歡度狂歡節，在節慶最後他做了「動物狂歡節」組曲，這個作品在他死後才出版。

咕咕鳥木偶狂想曲

0' 00" ～ 0' 03"

樂器：鋼琴

曲段：前奏

● 作　　　者：蕭雅文
● 繪　　　者：莊詩英
● CD 編曲者：鍾季霈

0'04"～0'08" 樂器：鋼琴 曲段：A

 0'12"～0'15" 樂器：鋼琴 •••

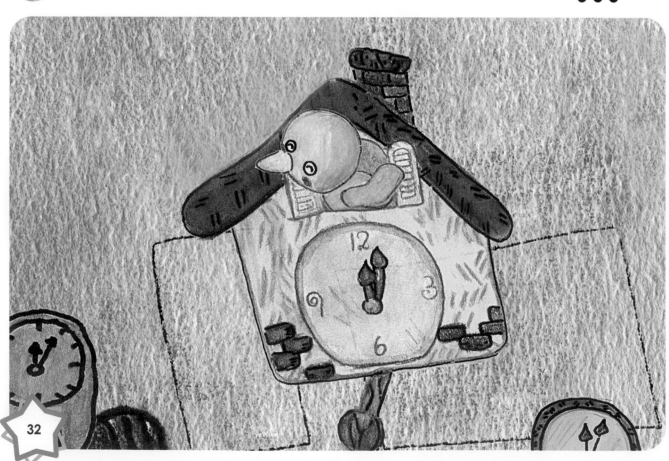

0' 24"~0' 27"　　樂器：鋼琴

0' 32"~0' 35"　　樂器：鋼琴

0'36"～0'44"

樂器：鋼琴

曲段：B

36

0'52"～0'55"　　樂器：鋼琴　曲段：A'

1'00"～1'03"　　樂器：鋼琴

1' 08" ~ 1' 12"

樂器：鋼琴 曲段：間奏

1' 16" ~ 1' 23"

樂器：鋼琴

曲段：C

1'24"～1'31"

樂器：鋼琴

43

 1'32"～1'35"　　樂器：鋼琴

 1'40"～1'43"　　樂器：鋼琴

44

1'36"~1'39" 樂器：鋼琴 ●●

 1'44"~1'49" 樂器：鋼琴 ●●●●

45

1'58"～2'01"　　樂器：鋼琴

1'54"～1'57"　　　樂器：鋼琴

2'02"～2'05"　　　樂器：鋼琴

47

2' 10"～2' 13"　　　　樂器：鋼琴

2' 18"～2' 22"　　　　樂器：鋼琴

咕咕鳥木偶狂想曲

作　　者：蕭雅文
繪　　者：莊詩英
CD 編曲者：鍾季霈

活動一　說故事時間

咕咕鐘的由來

年齡：3-8歲　　人數：2人以上　　教具：直笛或木琴或音磚、咕咕鐘造型箱

1 **咕咕鐘的由來與造型：** 小朋友，你知道嗎？在德國黑森林中有一種鳥，每天咕咕、咕咕地叫，聲音非常好聽，便被大家叫做咕咕鳥。有一天，一位做時鐘的工匠經過這個黑森林時，聽到這個叫聲，覺得非常悅耳；於是回到家後，就把咕咕鳥的叫聲做成時鐘報時間的音樂，這就是大家現在常看見的咕咕鐘的由來。

2 指導者將咕咕鐘造型教具呈現給小朋友看，並請小朋友學咕咕鐘報時，咕咕鳥探頭幾次，小朋友便叫幾聲。（見圖例5）

圖例 5

3 指導者可用直笛或木琴或音磚敲 S₃-M₁ 的聲音，亦可指導小朋友製作大型的時鐘造型箱，讓小朋友在箱子後面學咕咕鳥探頭報時的模樣，並發出咕咕的聲音。

活動二　繪本時間

咕咕鳥木偶狂想曲

年齡：4-10歲　　人數：2人以上　　教具：咕咕鳥木偶狂想曲繪本

1 在一個老鐘錶店主的房間裡，有許多漂亮耀眼的時鐘被掛在牆上展示，它們不論白天或晚上，都盡責地報時間。

其中，有一個古董的咕咕鐘，它已經有好幾年都待在這個鐘錶店的房間裡，而住在裡面的咕咕鳥木偶也開始覺得寂寞無聊。牠白天規規矩矩地報時，晚上也乖乖地報時，牠開始夢想外面的花花世界，期待有一天能像窗外的鳥兒們一樣，自由自在地飛翔。牠心裡便一直想著：「我要飛，我要飛，咕咕鳥要出去飛。」

圖例6

 終於有一天，牠趁著報時間的大好機會飛了出去，飛出了鐘錶店的窗，飛出了大街，飛到了充滿鳥語花香的森林中，遇見了一隻美麗動人的咕咕鳥。就在牠要表達牠的愛意時，突然天空出現晴天霹靂的閃電，把咕咕鳥木偶嚇醒了，原來這一切只是牠在作夢，而打雷聲也只是牆上的大鐘們又在報時了，咕咕鳥只好繼續規規矩矩地報著一成不變的時間。（見圖例6）

 小朋友可以找找看，到底有多少時鐘藏在繪本的圖畫中。

 活動三 繪本與音樂欣賞

寂寞的咕咕鳥

年齡：3-10歲　人數：2人以上　教具：咕咕鳥木偶狂想曲繪本、切分音時鐘音樂CD，作者：安德森（美國人，1908～1975）

 指導者一邊播放音樂，一邊翻繪本書給小朋友看，使小朋友藉由音樂進入咕咕鳥木偶狂想曲故事的情境。

 藉由設計過的音樂繪本，小朋友可以清楚地感受音樂的曲段流程：

時間	0'00"～0'03"	0'04"～0'35"	0'36"～0'51"	0'52"～1'07"	1'08"～1'15"	1'16"～1'49"	1'50"～2'22"	2'23"～2'26"
曲段	前奏	A	B	A'	間奏	C	A	尾奏

繪本圖片則是由八大段落所組成。

 **活動四** 音樂與律動

切分音時鐘

年齡：4-10 歲　人數：2 人以上　教具：切分音時鐘音樂 CD、小指鈸或三角鐵、絲巾

 指導者再播放音樂，請小朋友一人一手拿一個小指鈸（注意：不是一人一對指鈸），另一隻手拿絲巾。小朋友先在曲段 A 與曲段 A' 時，身體貼著牆壁裝成時鐘，以手臂上下擺動做成秒針滴答模樣 （註：小指鈸可換成三角鐵或碰鐘）。

 在曲段 B 時，小朋友自由地在房間內遊走，並拿絲巾擺動，學做小鳥的樣子。

 在間奏時，小朋友做出預備跑去外面廣大天空的動作。

 在曲段 C 時，小朋友自由地在房間內遊走，並拿小指鈸與其他人互相敲擊，藉由敲擊聲做愉快飛翔的小鳥，終於有機會可以到外面的世界結交新朋友，並隨著 C 段旋律唱童謠：

譜例 1： 我要飛

5 在尾奏時，小朋友隨著音樂的尾聲，做出身體倒地的模樣，表示咕咕鳥木偶累倒狀。

 活動五 創作時間

咕咕鳥棒偶製作

年齡：4-10 歲　**人數**：2 人以上　**教具**：切分音時鐘音樂 CD 、硬紙板、棉花球、色鉛筆或蠟筆、顏料、雙面膠

 指導者先將硬紙板剪成咕咕鳥圖形半成品，再讓小朋友以色鉛筆或蠟筆上色。上色後，在紙鳥身上黏貼雙面膠。（圖例 7）

 以棉花球沾顏料後黏貼在咕咕鳥之羽毛部分，使其形成小鳥羽毛，讓小朋友感受紙鳥在貼上「羽毛」後更像真鳥，就如同繪本中的木偶鳥想當真正的鳥一樣，自由自在地飛翔。（圖例 8）

圖例 7　　　　圖例 8

圖例 9

3 指導者再播放切分音時鐘音樂，小朋友手拿著自己做好之棒偶，隨著音樂讓自己的棒偶自在飄動，猶如飛翔中的小鳥。（圖例 9）

活動六 音樂與藝術表演

咕咕鳥手指謠

> 年齡：4-6 歲　人數：1 人以上　教具：咕咕鳥手指偶、童謠

1 指導者先帶領小朋友唱咕咕鳥童謠，小朋友並在「咕咕」的歌詞部分以答唱方式進行。

2 小朋友在學會咕咕鳥答唱後，手指拿著先前製作好的咕咕鳥手指偶，並以另一隻手臂彎曲放在肩膀上，做成一個空洞狀。小朋友一邊唱咕咕鳥童謠，一邊在答唱時，用咕咕鳥紙偶伸出頭的動作，做成報時的樣子。

譜例 2：咕咕鳥

咕咕 鳥 在 森 林 裡（咕 咕），牠 在 遠 方 呼 喚 我（咕 咕），呼 喚

我 做 牠 同 伴（咕 咕），一 起 遊 玩 真 快 樂（咕 咕）。

 **補充資料 畫家與音樂家介紹**

 梵谷〔Vincent van Gogh, 1853-1890〕

生平

梵谷生於荷蘭。直到三十三歲才發現他真正的職業應該是藝術,而唯有藝術才能給人性應有的慰藉。雖然經濟的狀況極度不好,身心狀況也不佳,但他生命中最後的十年貢獻出驚人的作品數量,約八百幅油畫,以及八百幅其他畫作。畫作中強韌的生命力還是讓我們讚嘆!

風格

梵谷的畫大約可分三個時期:首先是他的「荷蘭時期」,前後共為六年(1880 ～ 1886),梵谷早期的畫風是荷蘭的寫實主義,有一種堅實而樸素的美感。

第二個時期「巴黎時期」(1886 ～ 1888),梵谷的調色較為鮮明,線條也流動起來,陰沉的寫實主義結束了。

第三個時期從 1888 到 1890 年 7 月自殺為止,此時期的畫作,色彩仍舊強烈,陰鬱如火焰般的筆觸,充滿情感的畫風。此時也產生很多梵谷的代表作。例如:「向日葵」、「奧維的教堂」等。

梵谷和高更、塞尚並稱為後印象派。他們吸收了印象派的精髓,卻反對印象派純客觀理性的畫法,著重事物的實質與象徵意念,是現代藝術重要的先驅。

安德森（Leory Anderson, 1908-1975）

生平

安德森出生於美國麻州劍橋，自小由母親啟蒙學習音樂。長大後進入哈佛大學並追隨 Walter Piston 及 Georges Enesco 學習作曲，並取得音樂學士及碩士學位。

安德森是瑞典移民美國的第二代，他會多種樂器的演奏與編曲，以及指揮技巧。他就讀於哈佛大學時，擔任該校樂團指揮，波士頓大眾管弦樂團注意到安德森的編曲才華，邀請他為樂團編曲，該團的音樂總監費德勒並進一步鼓勵他寫原創音樂。其作品如有名的「藍調探戈」、「打字機」和「號角搖籃曲」等，都是富有美式風格的幽默作品。

二次大戰期間，專長於瑞典語及德語的安德森被分派於陸軍反情報部隊，這段時期他仍利用閒暇時間創作，著名的「切分音時鐘」（The Syncopated Clock, 1945），即在此時完成；這首以時鐘為主題的作品，打著不規則的切分節奏，是許多以時鐘為主的音樂中的異數。

海底世界

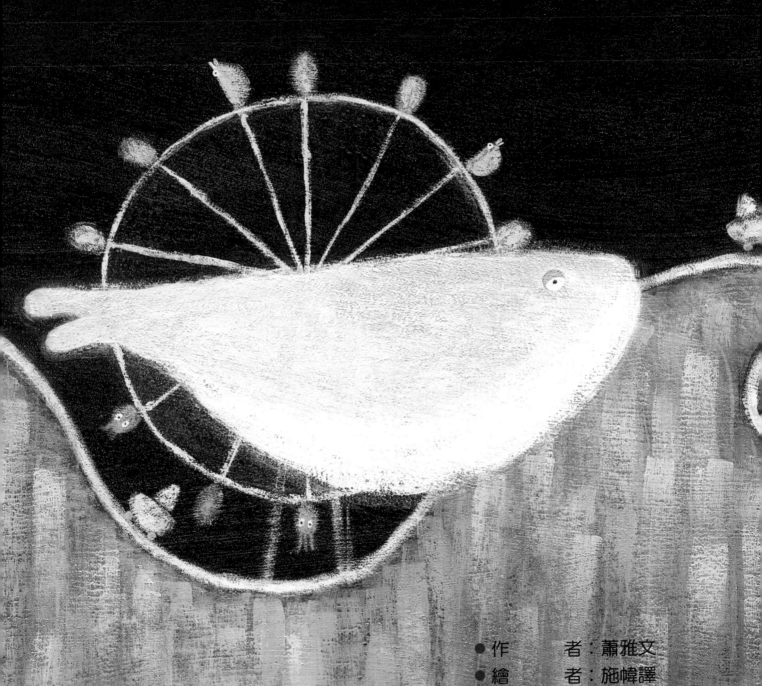

● 作　　　者：蕭雅文
● 繪　　　者：施幃譯
● CD 編曲者：鍾季霑

0'00"～0'05"

樂器：弦樂　曲段：A

0'09"～0'12"

樂器：弦樂

60

 0'06"～0'08"

樂器：弦樂

 0'13"～0'15"

樂器：弦樂

🔘 O' 16"～O' 19"

樂器：弦樂　曲段：A'

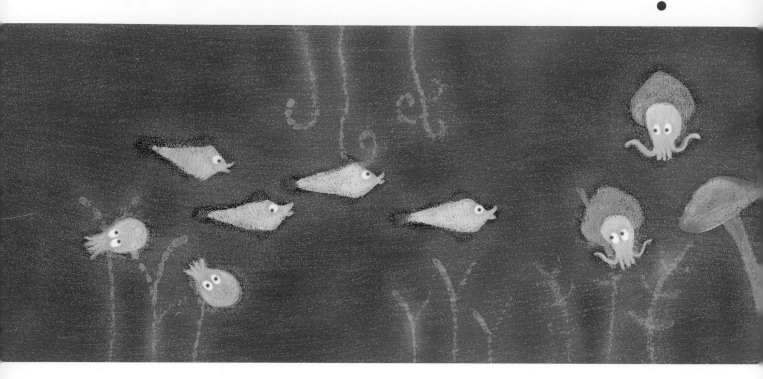

🔘 O' 23"～O' 28"

樂器：弦樂

0' 29"～0' 38"

樂器：弦樂

曲段：13

64

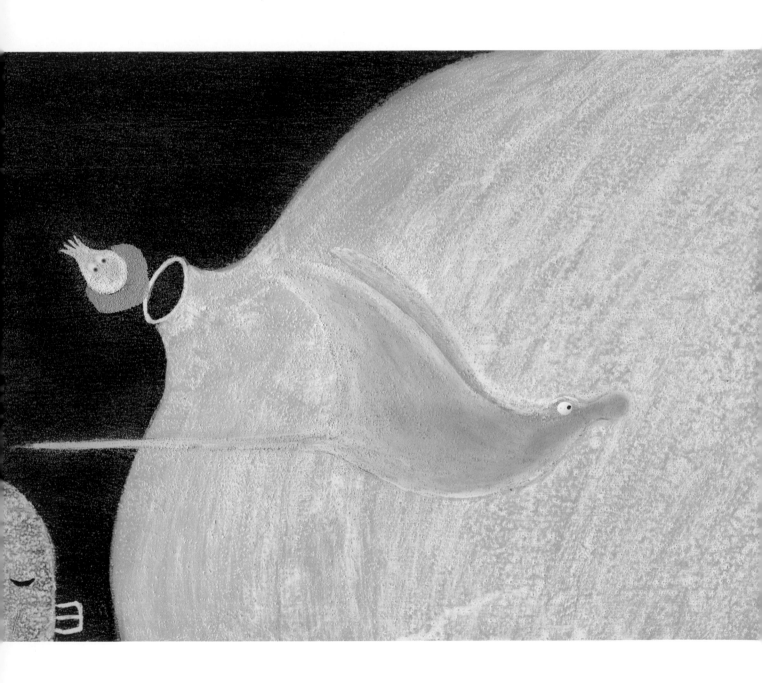

0'39"~0'42"

樂器：弦樂　曲段：A'

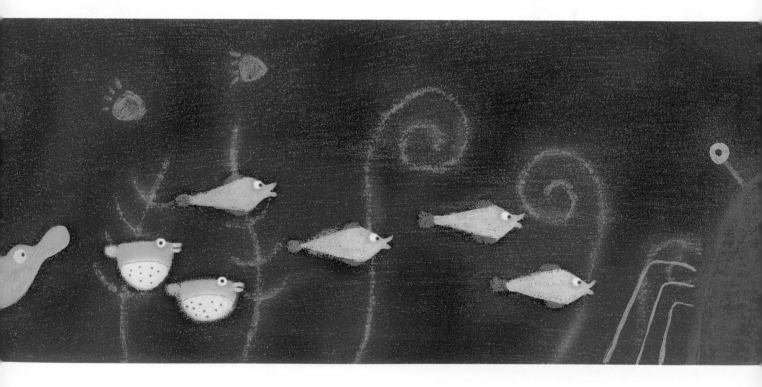

0'47"~0'52"

樂器：弦樂

0'43"～0'46"

樂器：弦樂

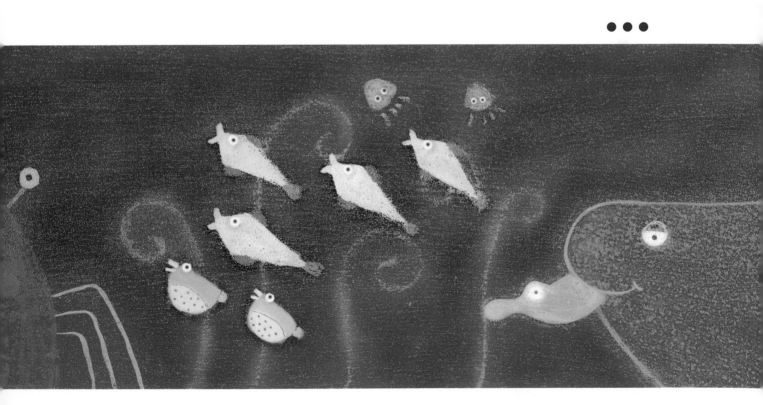

 1'26"～1'28"

樂器：弦樂　曲段：A'

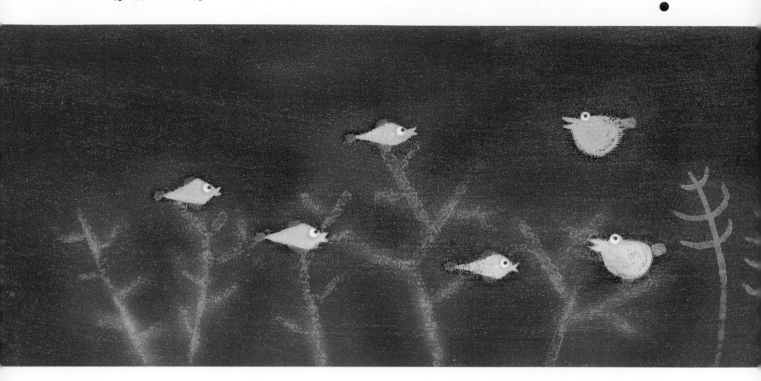

 1'33"～1'38"

樂器：弦樂

 1'29"～1'32"

樂器：弦樂

樂器：弦樂

單元課程三

海底世界

作　　　者：蕭雅文
繪　　　者：施幃譯
CD 編曲者：鍾季霑

 說故事時間

魚兒水中游

年齡：3-8歲　人數：4人以上　教具：鐵琴、小魚手偶、藍色大布巾

1 指導者先用手偶模仿魚兒在海中優遊自在的游泳狀，一下遇到大魚經過時所形成的亂流，一下又遇見平靜的水流，藉由手偶模仿魚兒悠閒愉快游行的樣子。

2 指導者用鐵琴滑奏出輕輕的海浪聲，再敲出重重的大浪聲，小朋友想像自己是小魚，聽指導者的音樂來模仿小魚的游泳變化。

3 接著，指導者將藍色或黑色大布巾當成大海，小朋友各抓布巾之一角，指導者一邊彈奏鐵琴，小朋友一邊甩著布巾，時而緩慢，時而急促。（見圖例 10、11）

圖例 10

圖例 11

活動二　繪本時間

小黃魚找朋友

年齡：4-10歲　人數：2人以上　教具：海底世界繪本

1 在一個浩瀚深邃的大海裡，住著許多海底動物，有大魚，有小魚。其中有兩隻小黃魚，牠們特別貪玩，今天，牠們出來呼朋引伴，你看，牠們找了幾個朋友跟牠們一起玩呢？

2 耶！牠們不只這二位朋友喔，你看，還有魚兒朋友藏在水草裡耶！你看你看，牠們到底有多少朋友呀？哇！魟魚跑出來了！好可怕！哦！別怕，牠不會吃了小黃魚的，牠是小黃魚的好朋友呢！

3 小朋友再找找看，到底小黃魚有多少好朋友呢？牠們到底要做什麼呀？哦！原來牠們要去海底主題樂園玩呀！我們也跟牠們一起玩吧！

4 啊！大鯨魚來了！快逃！呼！好險！沒被吃掉，可憐的魟魚，動作太慢了，已經進了大鯨魚的肚子裡了。沒關係，大鯨魚跟牠的同伴走了，一隻隻的小魚又出來了，這次到底是什麼魚會來找小黃魚玩呢？

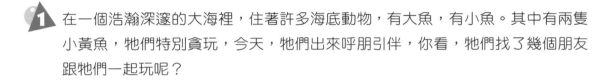

 繪本與音樂欣賞

撥弦波爾卡

年齡：3-10 歲　**人數**：2 人以上　**教具**：海底世界繪本、撥弦波爾卡音樂 CD，作者：德利伯（法國人，1836-1891）

 指導者一邊播放音樂，一邊翻繪本書給小朋友看，使小朋友藉由音樂進入海底世界故事的情境。

 藉由設計過的音樂繪本，小朋友可以清楚地感受音樂的曲段流程：

時間	0'00"～0'15"	0'16"～0'28"	0'29"～0'38"	0'39"～0'52"	0'53"～1'25"	1'26"～1'38"
曲段	A	A'	B	A'	C	A'

繪本圖片則是由六大音樂段落所組成。

 音樂與律動

海底樂園

年齡：4-10 歲　**人數**：2 人以上　**教具**：撥弦波爾卡音樂 CD、響板或響棒、小指鈸

 指導者再播放音樂，請一半的小朋友一人拿一對小指鈸，另一半的小朋友當小魚或任一種海底動物，並拿響板或響棒。小朋友在曲段 A 及 A'時，假裝成魚的模樣隨意游水，並且尋找同伴，當遇到同伴時就敲小指鈸，然後慢慢變成一群一群的魚群；拿響板或響棒的小朋友在樂句最後的兩聲撥弦中敲兩下。

小朋友在曲段 B 時，因為中型動物魟魚出現，便在室內尋找躲藏的地方。

 小朋友在曲段 C 時，想像玩各種遊樂設施，例如：雲霄飛車、旋轉木馬、摩天輪等；另一群小朋友學做大型海底動物的樣子，例如：鯨魚、大海龜等，漫游在遊樂設施之間，小型海底動物便找地方躲起來。

 **活動五 創作時間**

小魚兒製作

年齡：4-10 歲　人數：2 人以上　教具：保麗龍球（如拳頭大）、色紙片、彩帶紙、色鉛筆或蠟筆、雙面膠、牙籤

 指導者先將各色紙片剪成小圓形，再將其對摺成半圓。（見圖例 12）

 將紙片半成品及拳頭大之保麗龍球發給小朋友，預先在保麗龍球黏上雙面膠，讓小朋友將紙片黏在球上，當成魚鱗及魚尾巴。（見圖例 13）

 發色鉛筆或蠟筆給小朋友，讓小朋友為自己的小魚上色及畫眼睛。

 小朋友亦可用牙籤刺在保麗龍球上，做成河豚或螃蟹。（見圖例 14）

 也可用彩帶紙黏在球體下方做成水母的樣子。

指導者亦可讓小朋友發揮想像力，創作出屬於他們自己的海底動物。

圖例 12

圖例 13

圖例 14

尋找小魚兒

小朋友，音樂故事是不是很有趣呢？現在要考考你的眼力了，你看，82-83 頁圖中有多少海底動物呢？牠們又在哪些地方呢？

 **畫家與音樂家介紹**

 克利（Paul Klee, 1879-1940）

生平

克利生於瑞士，於德國成長，是少數同時擅長音樂與藝術的畫家。年少時就富有小提琴的音樂才華，並於青年時期赴慕尼黑學習藝術。

受到印象派的影響，對於「光」的明暗開始有所研究。接著，又受到立體派、野獸派、藍騎士、未來派……等新興畫派影響，作品風格轉變為抽象、分解幾何、色塊分割的繪畫風格。與格羅佩斯、康丁斯基……等大師，為包浩斯時期的靈魂人物。

風格

克利是屬於包浩斯時期的藝術家。由於當時是戰亂時期，各派畫家的風格皆有很大的轉變，由寫實轉變為抽象的表現手法。克利的作品帶有兒童繪畫的特質。畫中常運用「符號」取代真實型體，例如：月亮、星星、太陽、箭頭、心形、眼睛……等，由符號傳達內心的象徵意涵，形成個人獨特的造型語言。克利的作品不僅富有韻律性，色彩的搭配就如同音符般，構成和聲色彩豐富的交響曲。

德利伯《Delibes Léo, 1836-1891》

生平

法國作曲家德利伯於 1848 年進入巴黎音樂學校和唱詩班，很早就專攻戲劇音樂及歌劇作品。此外，他還著有合唱曲、彌撒等作品。

他的音樂作品輕快、優美、色彩絢麗，並帶有異國情調，反映著法國第二帝國時代的精神風貌。他的創作以戲劇音樂為主，而其中又以芭蕾音樂成就最高。他的音樂大膽創新，豐富了人民風俗描繪的色彩，擴充了心理刻畫的傳統手法，還發展了戲劇性的因素，使芭蕾音樂進一步交響化，而他的風格更影響了柴可夫斯基及其他為舞蹈創作的作曲家。

1866 年他和波蘭作曲家明庫斯合作芭蕾舞劇「泉」，獲得讚賞。這部舞劇的成功促使他決心譜寫大型芭蕾舞劇「柯蓓莉亞」和「希爾維亞」。而「希爾維亞」更奠定了他在舞蹈音樂上的高超地位。本首音樂作品就是神話芭蕾舞曲「希爾維亞 Sylvia」的其中一首曲目。這是一部神話題材的作品，曲風輕快而輕鬆，運用小提琴撥奏來顯示節奏分明，使得舞蹈輕盈俏皮。

各位小朋友，請你仔細看看左邊一排所列
的6種海底動物，
牠們都藏身在這張圖的各個地方，
聰明的你，能夠找到牠們藏在哪裡嗎？

① ② ③ ④ ⑤ ⑥

82

神祕的國度

● 作　　　者：蕭雅文
● 繪　　　者：莊詩英
● CD 編曲者：鍾季霑

樂器：鋼琴
曲段：前奏

0' 04" ～0' 13"

樂器：鋼琴

曲段：A

87

樂器：鋼琴
曲段：尾奏

單元課程四

神祕的國度

作　　　者：蕭雅文

繪　　　者：莊詩英

CD 編曲者：鍾季霈

 說故事時間

神祕的迷宮

年齡：3-8歲　人數：1人以上　教具：童軍繩或細長繩子、有色膠帶

1 小朋友有玩過迷宮嗎？是在密密麻麻的叢林中所構成的迷宮，還是在紅磚所砌成的銅牆鐵壁裡找尋出路？或是在迷宮圖上用筆畫出迷宮的出路呢？是不是很刺激啊？

2 指導者用童軍繩或細繩子（或膠帶）在地板上隨意擺設，做出彎彎曲曲的形狀（見圖例15、16），邀請小朋友沿著繩子（或膠帶），雙手雙腳依循路線爬行，並且以不碰到細繩（或膠帶）為遊戲規則。

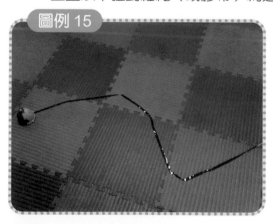
圖例 15

圖例 16

3 指導者同時將一種小樂器，例如：碰鐘、音磚或音鐘等放在終點處，讓小朋友爬到終點時去碰觸，並做出樂器聲響，表示小朋友已經順利走出迷宮，到達終點（見圖例17）。

圖例 17

 活動二 繪本時間

神祕的國度

年齡：3-10 歲　　**人數**：1 人以上　　**教具**：神祕的國度繪本

 在一個遙遠的地方，有一個小人物阿東，他要去一個好遠的地方，找尋傳說中有神奇魔法的神燈，他要用神燈的魔法來解救他媽媽的怪病。

 但是，這個神燈很奇特，不但有魔法，還會跑來跑去喔！阿東只好尋著神燈所發出來的煙霧來找到它。神燈真會跑，你看！它跑進一個山洞裡了！

 這個山洞裡好奇怪啊！裡面竟然是一座森林！！而且樹上並沒有長出茂密的樹葉，只有幾隻叫著怪聲音的貓頭鷹。阿東必須小心翼翼地走在那些細細長長的樹枝上，一不小心踩空的話，就會從高高的樹上摔下來喔！好危險的路啊！

 好不容易走到一個樹洞裡，神燈這次把阿東帶領到一個華麗又複雜的城市裡，這個城市的建築物好漂亮，但是路好複雜喔！阿東要很小心地跟著神燈的煙霧走，才不會迷路呀！

 這次神燈把阿東帶到一個美麗的皇宮裡，但是，這座宮殿裡有好多窗戶，阿東都搞迷糊了。小朋友，請你幫阿東找一找，神燈到底在哪一個窗戶中？

 聰明的小朋友，你找到神燈了嗎？耶？怎麼從這個門之後，神燈就消失不見了？你猜猜，阿東到底有沒有找到神燈啊？神燈到底跑到哪兒去了呢？？

 活動三 繪本與音樂欣賞

羅馬尼亞舞曲第三曲

> **年齡**：3-10 歲　**人數**：1 人以上　**教具**：神祕的國度繪本、羅馬尼亞舞曲第三曲：踏步舞音樂 CD，作者：巴爾托克（匈牙利人，1881-1945）

1. 指導者一邊播放音樂，一邊翻繪本書給小朋友看，使小朋友藉由音樂進入迷宮故事的情境。

2. 藉由設計過的音樂繪本，小朋友可以清楚地感受音樂的曲段流程：

時間	0'00"～0'03"	0'04"～0'13"	0'14"～0'22"	0'23"～0'31"	0'32"～0'41"	0'42"～0'46"
曲段	前奏	A	B	A'	B'	尾奏

繪本圖片則是由六個音樂段落所組成。

 活動四 音樂與律動

身體迷宮大探索

> **年齡**：4-10 歲　**人數**：2 人以上　**教具**：羅馬尼亞舞曲第三曲：踏步舞 CD、長木棍或竹棍

1. 指導者再播放音樂，請二位小朋友一組，一人當 a 小朋友，一人當 b 小朋友，二人共拿一支木棍。一邊聽音樂曲段 A，先由 a 用一隻手指（或手掌）頂住木棍，並主導著木棍遊走的方向；另一位 b 也用一隻手指（或手掌）頂住木棍，跟著 a 的木棍帶領方向走，b 成為跟隨者（見圖例 18、19）。記住，木棍不能掉落地上。

圖例 18

圖例 19

2 在曲段 B 時,指導者提醒小朋友,由 b 變成主導者,藉由木棍帶領 a 遊走,可以往前往後走,或往上往下擺動木棍。

3 在曲段 A' 時,角色再度互換,由 a 領導 b 走。

4 在曲段 B' 時,角色再次互換,由 b 領導 a 走。

5 在最後尾奏時, a 、 b 小朋友漸漸在曲子結束時,也做一個結束的姿勢,全程的律動以木棍不掉落地上為原則。

6 整首音樂與肢體律動的結合,是感受走迷宮的無方向感,而木棍的媒介,可以體驗走迷宮小心翼翼的緊張與神祕感。

活動五 創作時間

我的迷宮

> 年齡：3-10 歲　人數：1 人以上　教具：羅馬尼亞舞曲第三曲：踏步舞音樂 CD、免洗筷 或教具木棒

1 指導者一邊播放音樂，一邊請小朋友在地上以小木棒或免洗筷擺出各種想像的迷宮路線。（見圖例 20）

圖例 20

2 等音樂結束時，小朋友停止擺放木棒，指導者再次播放音樂，請小朋友依循自己擺放的迷宮路線走一遍（見圖例 21）。可反覆再重新擺設木棒，或增加木棒數量（見圖例 22），讓小朋友的迷宮更複雜多樣，使其創作力更豐富。

圖例 21

圖例 22

補充資料 音樂家介紹

 巴爾托克（Béla Bartók, 1881-1945）

生平

巴爾托克出生於匈牙利，母親是他鋼琴的啟蒙老師，他自幼就受到東歐民間音樂的薰陶。 1894 年舉家遷居捷克的伯拉第斯拉瓦城後，巴爾托克開始學習鋼琴與作曲，也嘗試譜寫奏鳴曲與四重奏作品。

1898 年他進入布達佩斯音樂院，跟隨李斯特的學生索曼學習鋼琴，另外還隨寇斯勒學習作曲。 1900 年初，巴爾托克受到民族主義的影響，開始在東歐與北非一帶採錄民歌整理出版，這影響到他日後的創作。

同時，巴爾托克對匈牙利音樂產生興趣， 1905 年，他和柯大宜合作； 1906 年他們的第一批匈牙利改編曲發表；隔一年，他成為布達佩斯音樂院的繼任者，便定居於匈牙利，繼續民間歌曲蒐集工作。自 1917 年起至 1938 年，巴爾托克光靠委託創作就能過著優渥的生活。 1940 年，巴爾托克與第二任妻子離開歐洲，移民美國定居紐約。他雖在美國領有大學的獎助金，並以研究斯拉夫民族音樂為主，但是經濟和健康狀況卻越來越不穩定。其作品「第三號鋼琴協奏曲」是他的最後作品，他當時身體非常虛弱，最後，於 1945 年在美國去世。

「羅馬尼亞舞曲」原為鋼琴曲，是 1915 年巴爾托克三十四歲時的作品，原本是位於特藍西瓦尼亞山地的羅馬尼亞人的民族音樂，由巴爾托克採集民謠譜而出版鋼琴曲。此曲共包含了六首曲風各異的舞曲，其中第三曲「踏步舞」是特隆達縣的民謠，起源於脫穀的勞動歌。全曲採用泛音奏法，以增二度的音程為特徵，產生一種寂寞的旋律，使樂曲本身雖為踏步舞，但其旋律卻有一種辛苦勞累的感受。

蝴　蝶

● 作　　　者：蕭雅文
● 繪　　　者：陳若珊
● CD 編曲者：鍾季霑

樂器：弦樂、鋼琴

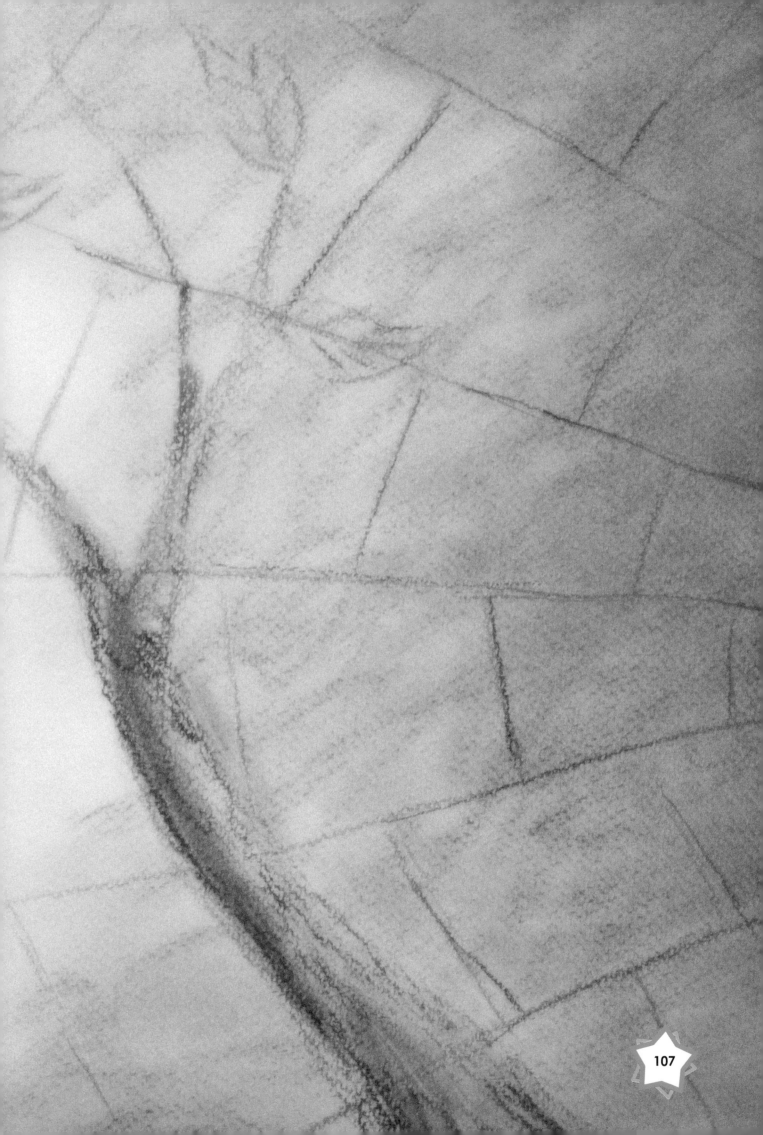

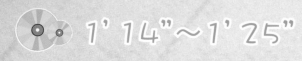

1'14"～1'25"

樂器：弦樂、鋼琴

曲段：C

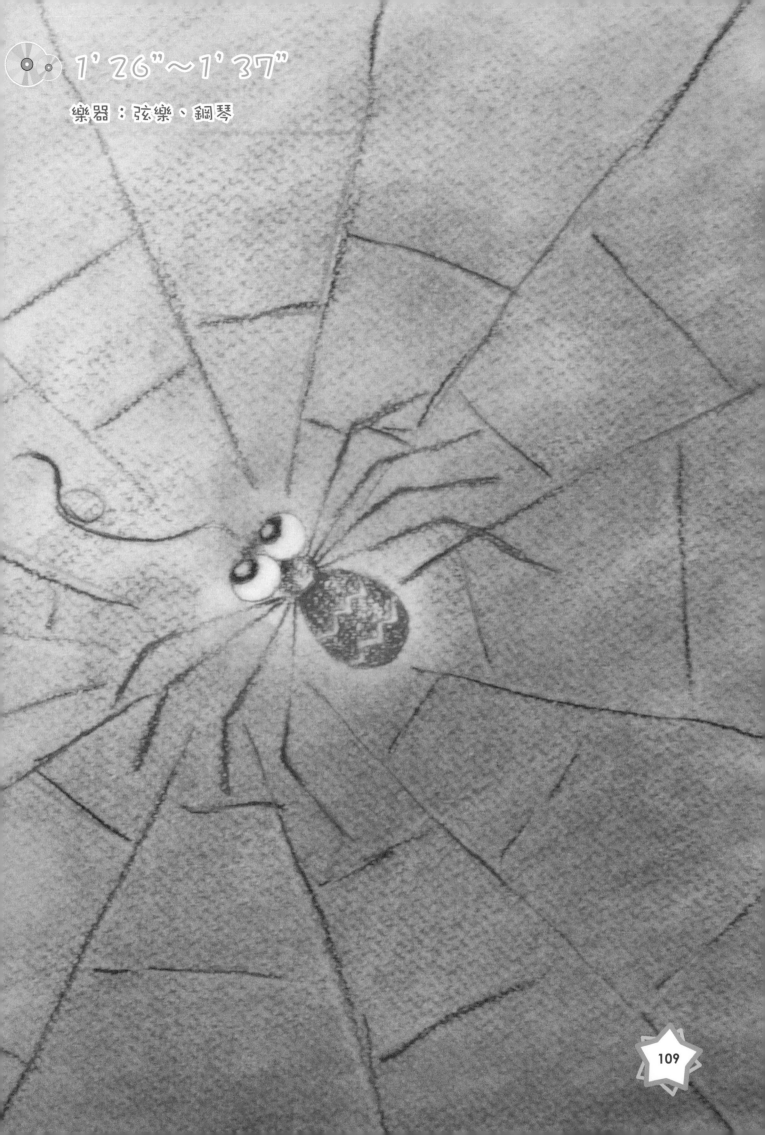

樂器：弦樂、鋼琴

曲段：A

樂器：弦樂、鋼琴

曲段：B

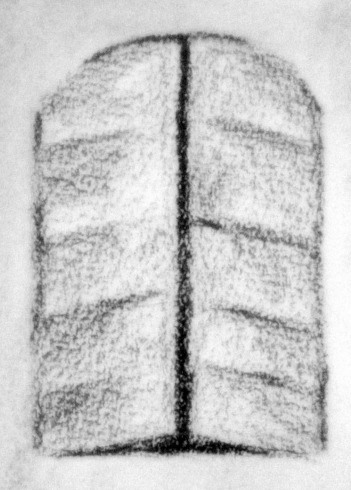

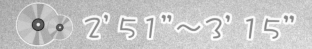
2'51"～3'15"

樂器：弦樂、鋼琴

曲段：A

3'16"~3'40"

樂器：弦樂、鋼琴

曲段：尾奏

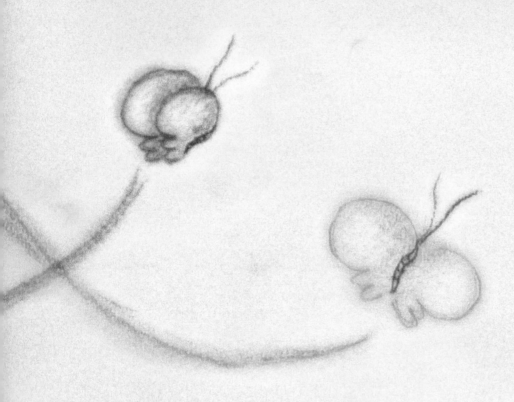

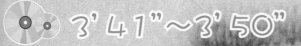

3'41"~3'50"

樂器：弦樂、鋼琴

119

單元課程五

蝴 蝶

作　　者：蕭雅文
繪　　者：陳若珊
CD 編曲者：鍾季霈

 活動一　說故事時間

蝴蝶

年齡：3-8 歲　人數：4 人以上　教具：蛋沙鈴、響棒、手搖鈴、響板、手鼓等小樂器，大絲巾或氣球傘

1 小朋友看過蝴蝶嗎？牠們在變成蝴蝶之前，是一隻隻沒有翅膀的小毛毛蟲喔！牠們需要一直吃東西，讓自己長大，有能力為自己織一件厚厚的被子，然後躲在裡面睡好久好久的覺。等到醒來時，要很用力地把厚厚的被子撐破，才能變成美麗又自在的花蝴蝶，快樂地在天空飛舞喔！

2 指導者用食指在地板上做出毛毛蟲爬行狀（見圖例 23 、 24），邀請小朋友也做出食指毛蟲在地上爬行。指導者同時將各類小樂器，例如：蛋沙鈴、響棒、手搖鈴、響板等，放在地上，讓小朋友的「毛蟲手指」去碰觸，並做出樂器聲響，表示「毛蟲手指」吃很多的食物，越來越強壯了。也可以請小朋友用整個身體扭動，扮演成一隻大毛毛蟲，表示毛蟲長大了。

圖例 23

圖例 24

3 接著，指導者將各色絲巾發給小朋友，當成毛蟲做成的繭覆蓋住自己身體（見下頁圖例 25 、 26），或用一張大布巾將所有小朋友蓋住，小朋友都躲在裡面。

4 指導者用手鼓敲出聲響，小朋友聽到聲音破繭而出，並拿起覆蓋的絲巾當成蝴蝶翅膀，唱著「蝴蝶」童謠到處飛翔。

圖例 25

圖例 26

活動二 繪本時間

花蝴蝶歷險記

年齡：4-10 歲　人數：2 人以上　教具：蝴蝶繪本

 在一個風和日麗的萬里晴空，有一隻美麗的粉紅蝴蝶自由自在地在空中飛舞，
牠輕輕柔柔地飛著，享受大自然的清新空氣與美好的天氣。這時，牠的美麗舞
姿吸引了另一隻藍色的蝴蝶，藍蝴蝶喜歡跟在粉紅蝴蝶的背後，看著牠美麗地
飛舞著，牠想要和粉紅蝴蝶做朋友。但粉紅蝴蝶害怕與陌生蝴蝶太靠近，所以
就飛得很快，想要擺脫藍蝴蝶，牠們就這樣追來追去，飛進一座森林中。

 耶！你看，有一隻蜘蛛在一棵樹上結網，但是，兩隻正在追逐的蝴蝶並沒有看
見。哇！糟糕了！藍蝴蝶飛太快，飛進大蜘蛛所結的蜘蛛網裡。這時，大蜘蛛
正一步一步地靠近藍蝴蝶，準備把藍蝴蝶當午餐吃掉呢！

 這時候，粉紅蝴蝶用力扯藍蝴蝶的翅膀，奮力地把牠從蜘蛛網拉出來！哇！好
險！！終於把藍蝴蝶拉出來了，差一點就被大蜘蛛吃掉了！！牠們兩個就快快地
飛出森林，不敢再回去了。

 兩隻蝴蝶作伴，一直往前飛，飛了好久好久，牠們都飛得好累了。這時，粉紅

蝴蝶看到前方有一棟漂亮房子，就邀藍蝴蝶再加油往前飛，想要到那棟漂亮房子裡休息。牠們靠近房子時，看到窗戶並沒有關緊，便從窗戶縫隙奮力地擠進去。窗戶縫隙好小喔！兩隻蝴蝶為了找一個擋風遮雨的地方，即使又餓又累，還是努力往前衝，終於進入了房子裡。哇！兩隻蝴蝶看到了好漂亮的一盆花，便向前去吃花蜜，大大地飽餐一頓！這時，牠們聽到有人開門的聲音！蝴蝶們先是嚇了一跳！但是，出現了一位小女孩！她熱情地和蝴蝶招手，蝴蝶們便輕輕柔柔地飛向小女孩，坐在她溫柔又美麗的手心上，兩隻蝴蝶終於有一個溫暖的家，不用再到外面流浪了！從此，兩隻蝴蝶便成為好朋友，牠們美麗的翅膀也時常緊靠在一起，變成一個美麗又溫暖的愛心，快樂地在一起生活。

 活動三　**繪本與音樂欣賞**

西西里舞曲

年齡：3-10 歲　**人數**：2 人以上　**教具**：蝴蝶繪本、西西里舞曲音樂 CD，作者：加布里耶‧佛瑞（法國人，1845-1924）

 指導者一邊播放音樂，一邊翻繪本書給小朋友看，使小朋友藉由音樂進入蝴蝶故事的情境。

 藉由設計過的音樂繪本，小朋友可以清楚地感受音樂的曲段流程：

時間	0'00"～0'49"	0'50"～1'13"	1'14"～1'37"	1'38"～2'01"	2'02"～2'26"	2'27"～2'50"	2'51"～3'15"	3'16"～3'50"
曲段	A	B	C	A	B	C	A	尾奏

繪本圖片則是由八大音樂段落所組成。

 活動四　音樂與律動

蝴蝶飛舞

年齡： 4-10 歲　**人數：** 2 人以上　**教具：** 西西里舞曲音樂 CD、絲巾、童軍繩或大布巾、呼拉圈

 指導者播放音樂，請小朋友一人拿兩條絲巾（可選用不同顏色），一邊聽音樂曲段 A，一邊揮舞著絲巾。

 在曲段 B 時，小朋友找另一位蝴蝶扮演者一起牽手飛舞。

 在曲段 C 時，小朋友被指導者所扮演的蜘蛛用童軍繩或大布巾包圍住，一直掙扎著要逃出去。

 接著，逃出蜘蛛網的蝴蝶在第二次曲段 A 又開心地飛舞著。

 在第二次曲段 B 時，小朋友再找另一位蝴蝶扮演者一起牽手飛舞。

 兩位小朋友在第二次的曲段 C 時，從指導者所拿的呼拉圈一起奮力地穿過去，表示穿過窗戶。

 小朋友在最後一次曲段 A 時，將絲巾揉緊握在雙手中，再像開花似地將絲巾開展，使絲巾變成一朵朵美麗嬌豔的花，小朋友將其捧在手心上，佯裝要吃花蜜的樣子。

 最後一段尾奏時，小朋友與其蝴蝶同伴一起想辦法，將手上的絲巾組合排列成愛心，或其想要擺設的圖形，讓小朋友發揮想像與創作能力。

活動五 **創作時間**

身體大圖畫

年齡：3-10 歲　人數：2 人以上　教具：西西里舞曲音樂 CD、小朋友身體大小的畫圖紙、色鉛筆或蠟筆

1 指導者先請小朋友在地上擺出各種想像動物的造型，例如：小狗、小魚等。（見圖例 27、28）

圖例 27

2 再請兩位小朋友一組，擺出兩種不同動物結合後，想要做出何種結合圖案，例如：共同創作一個愛心。（見圖例 29）

圖例 28

3 指導者請小朋友依自己創作的圖形，躺在大型圖畫紙上，由指導者用色鉛筆或蠟筆將小朋友所擺設的動作描繪起來，讓小朋友為自己的身體創作留下見證。（見圖例 30）

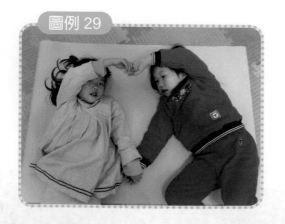
圖例 29

圖例 30

 畫家與音樂家介紹

 馬奈（Édouard Manet, 1832-1883）

生平

馬奈出生於法國巴黎。年幼時，喜愛繪畫，並受到叔叔的鼓勵而開始接受正式繪畫教育。 1850 年進入托馬·庫提赫畫室，同時吸取各派古典繪畫大師的藝術精華。 1860 年代是馬奈創造出他經典作品的時期，他是第一個以沙龍落選畫卻又赫赫有名的畫家。馬奈於晚年時，健康狀況逐漸惡化，卻仍努力不懈，繼續創作，而女人始終是他最愛的題材。

風格

馬奈為介於寫實派與印象派之間的藝術家，他反對完美細膩、矯揉造作的繪畫風格，以強烈或純真、輕亮的色彩，取代黯淡的表現手法。作品中的人物細節具有相當的真實感，看似古典寫實畫派的風格，卻又在馬奈某些作品可看見夢幻般的朦朧光影的表現手法。其融合寫實主義與印象畫派的風格，對於往後的各個繪畫流派有不同程度上的影響。

 佛瑞（Gabriel Fauré, 1845-1924）

生平

佛瑞是法國藝術歌曲作家， 1845 年 5 月 12 日出生於帕米爾斯。他的父親是師範學校校長，因此，他可以在該校附屬教堂學習音樂。九歲時全家移民到巴黎，並在涅德梅耶學校學習音樂，他除了研究文藝復興與巴洛克音樂外，並跟隨聖桑學習鋼琴與後期浪漫樂派作品，並與其共同建立法國國民樂派。他的教學也造就了法國新一代的音樂人才，如拉威爾、杜卡斯、柯克蘭等。 1924 年佛瑞逝世於巴黎。

佛瑞以聲樂和室內樂作品聞名，他的歌曲被譽為天下絕品，評價很高。而他的小提琴奏鳴曲、大提琴奏鳴曲、鋼琴和弦樂的五重奏，都富含他的構想，例如，他的特點是技巧完美，這代表了高度的法國音樂，與其藝術上的獨創性。

「西西里舞曲」是佛瑞作於 1893 年，編號 78 的作品。此曲為 G 小調的三段曲式作品。這首柔美的室內樂小品是為大提琴與鋼琴兩種樂器所作，最早出現在莫里哀的戲劇「城市貴族」的配樂，後來也在其 1898 年的戲劇配樂「佩利亞與梅麗桑」裡再度出現。

國家圖書館出版品預行編目資料

繪本造型&古典音樂 / 蕭雅文作；施幃譯, 莊詩英, 陳若珊繪圖；
　鍾季霈 CD 編曲.-- 初版. -- 臺北市：心理, 2010.1
　　面；　公分. --（幼兒教育系列；51133）

　　ISBN 978-986-191-318-6（精裝；光碟片）

　1.音樂教育　2.繪本　3.學前教育

523.23　　　　　　　　　　　　　　　　　98020826

幼兒教育系列 51133

繪本造型&古典音樂

作　　者：蕭雅文
繪　　者：施幃譯、莊詩英、陳若珊
CD 編曲者：鍾季霈
執行編輯：陳文玲
總 編 輯：林敬堯
發 行 人：洪有義
出 版 者：心理出版社股份有限公司
地　　址：231 新北市新店區光明街 288 號 7 樓
電　　話：(02) 29150566
傳　　真：(02) 29152928
郵撥帳號：19293172　心理出版社股份有限公司
網　　址：http://www.psy.com.tw
電子信箱：psychoco@ms15.hinet.net
駐美代表：Lisa Wu（lisawu99@optonline.net）
排 版 者：辰皓國際出版製作有限公司
印 刷 者：辰皓國際出版製作有限公司
初版一刷：2010 年 1 月
初版二刷：2018 年 1 月
I S B N：978-986-191-318-6
定　　價：新台幣 500 元【附光碟】

■有著作權·侵害必究■